Sprache und Lesen 1/2

Schreiblehrgang

Lateinische Ausgangsschrift

von

Martina Schramm

Illustriert von

Thomas Wellendorf

Cornelsen

Sprache und Lesen 1/2

Schreiblehrgang

Lateinische Ausgangsschrift

Erarbeitet von Martina Schramm

Redaktion Martina Schramm

Illustration Thomas Wellendorf

Umschlaggestaltung Katharina Wolff-Steininger und Rosendahl Berlin

Layoutkonzept Rosendahl Berlin

Gestaltung und technische Umsetzung Cornelia Gründer

Inhalt

www.cornelsen.de

1. Auflage, 4. Druck 2024

© 2011 Cornelsen Verlag, Berlin
© 2017 Cornelsen Verlag GmbH, Mecklenburgische Str. 53, 14197 Berlin

Druck: Athesiadruck GmbH, Bozen

ISBN 978-3-06-082807-4

PEFC-zertifiziert
Dieses Produkt stammt aus nachhaltig bewirtschafteten Wäldern und kontrollierten Quellen
PEFC/18-31-166   www.pefc.de

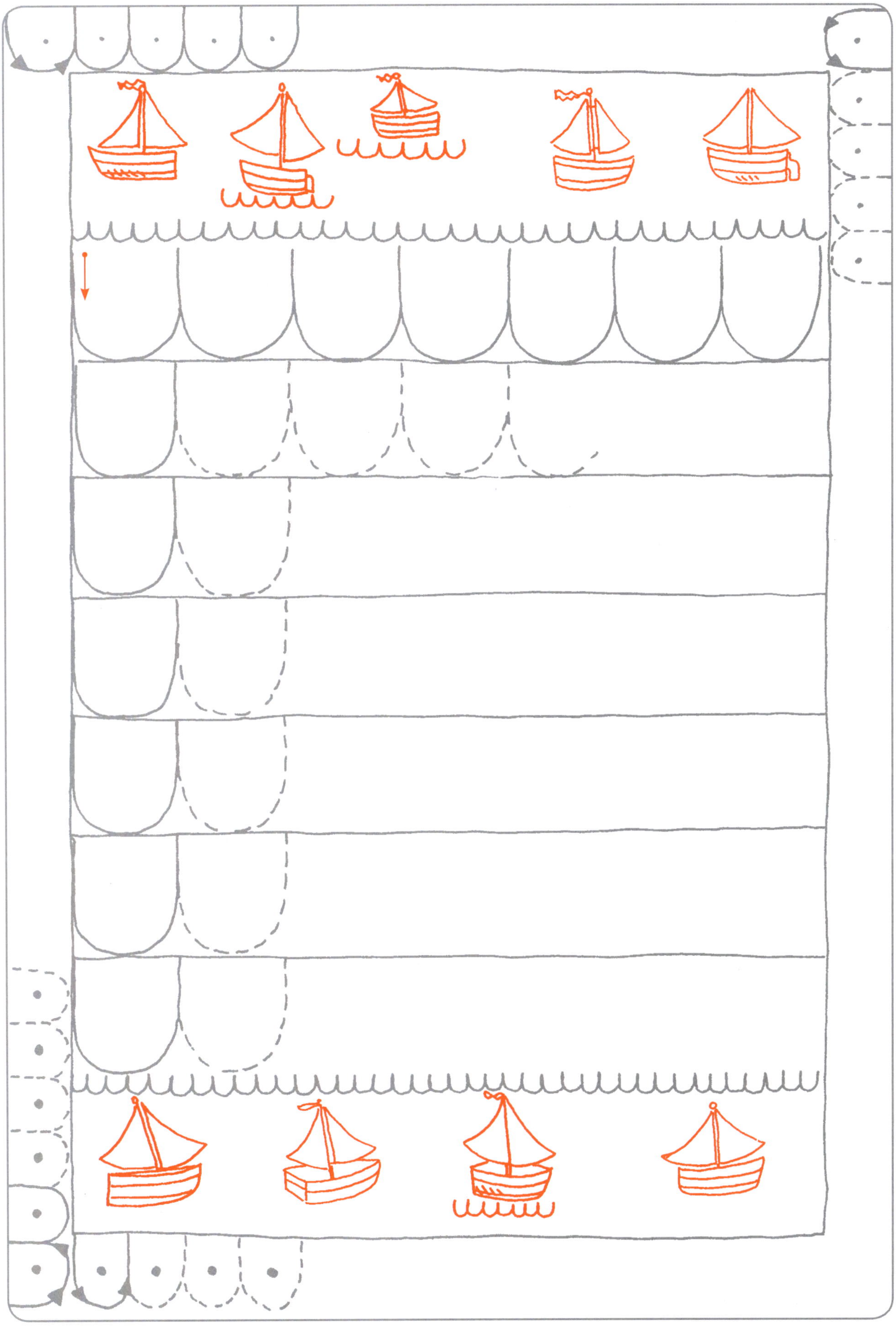

VORÜBUNGEN

Momo

Momo

8

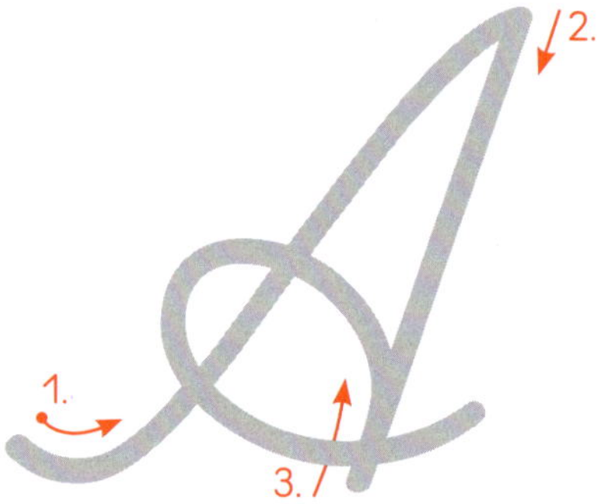

a   *a*

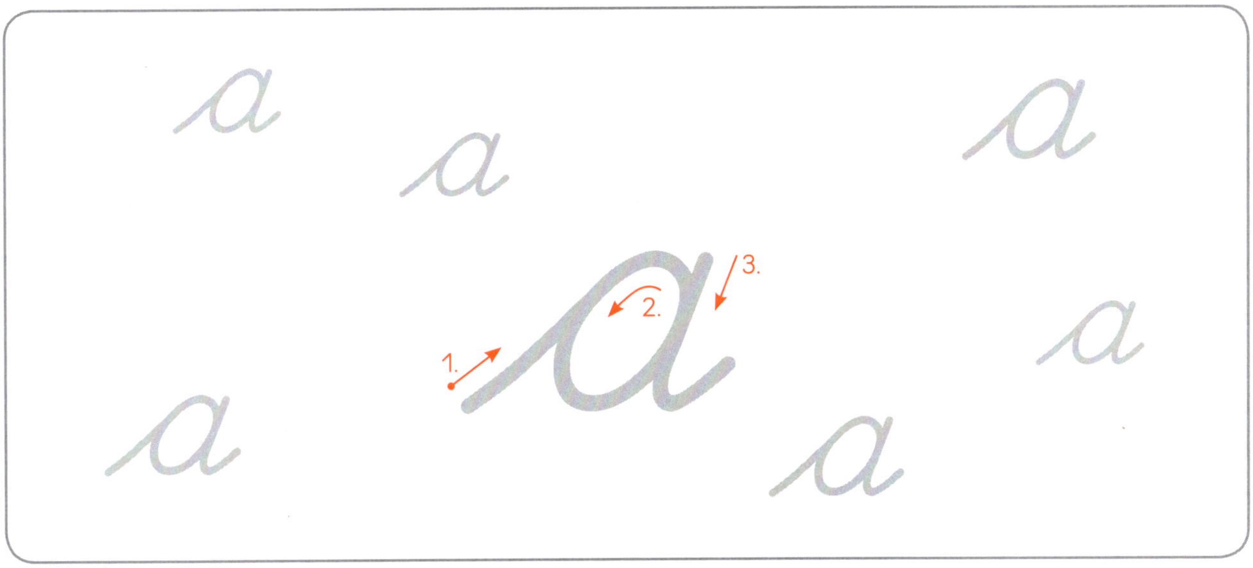

a   a

a   *a*

am   *am*

am

am

Mama   *Mama*

Mama

Oma   *Oma*

Oma

Mia

Mia

Mami

Mami

Omi

Omi

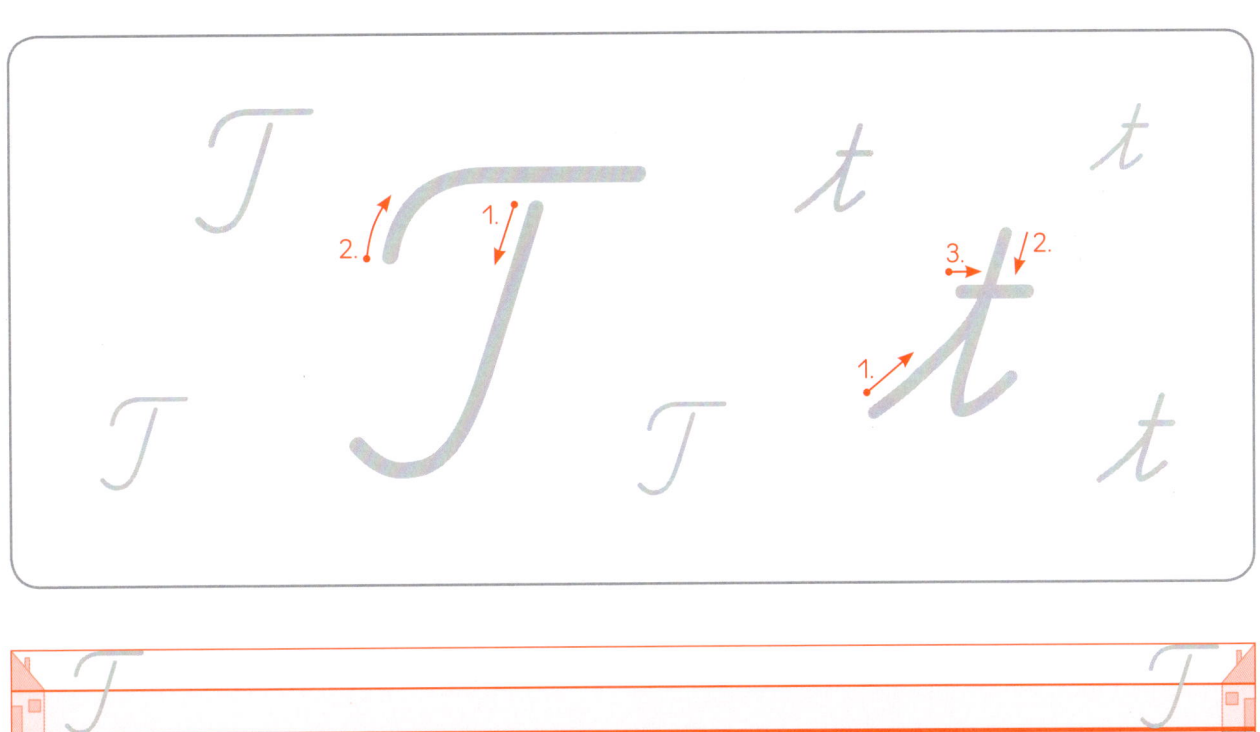

mit

mit

mit

Timo

Timo

Timo

Timo

L L L

L

L

L

L L

L

L

L

Li Li

Lo Lo

La La

l   l

l

li

la

lila   *lila*

lila

Mia malt.   *Mia malt.*

Mia malt.

Timo malt.   *Timo malt.*

Salat

Lalat

Salami

Lalami

s S

s s s s s s s

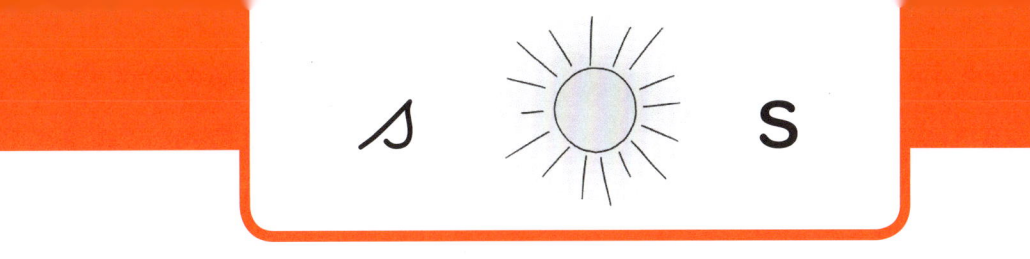

s s

so so

ist ist

ist

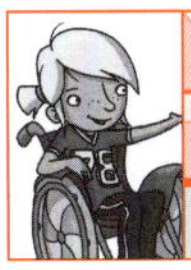

Lisa Lisa

Lisa

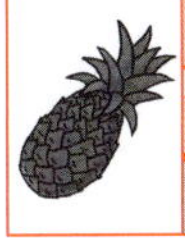

Ananas Ananas

Ananas

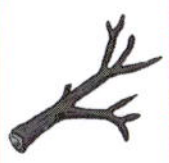

Ast Ast

Ast

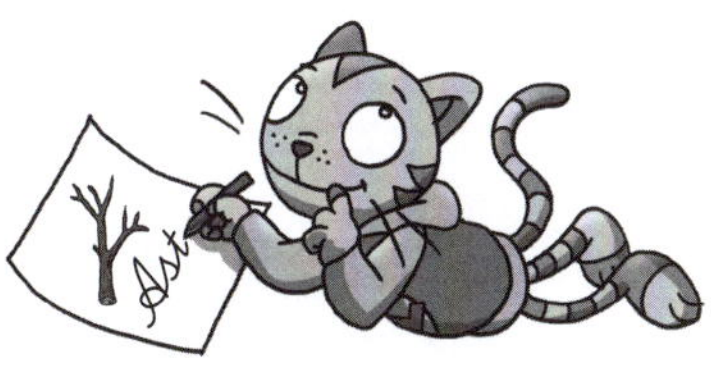

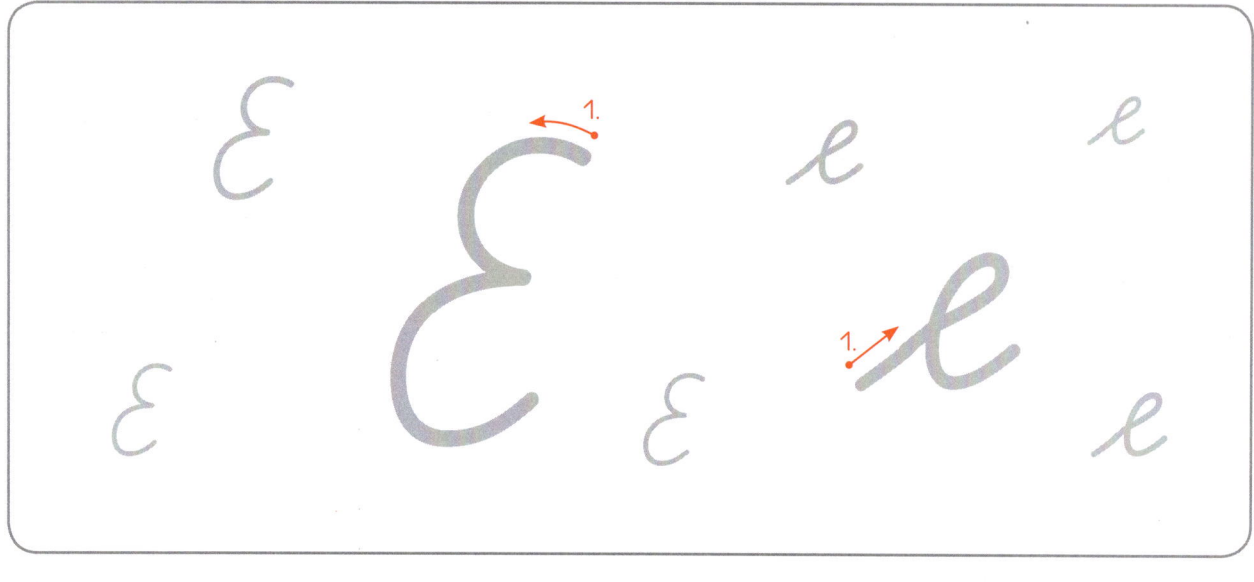

𝓔 1.

𝓔

𝓔   𝓔

𝑒

𝑒

1. 𝑒

𝑒

𝓔   𝓔

𝑒   𝑒

Esel

See

Leo

See   See

Esel   Esel

Leo   Leo

16

⟳ Seite 55

N *n*   **N** **n**

Nase

in

| Lina | Nest | Nase | Ente |

Lina   Nest   Nase   Ente

P p   P p

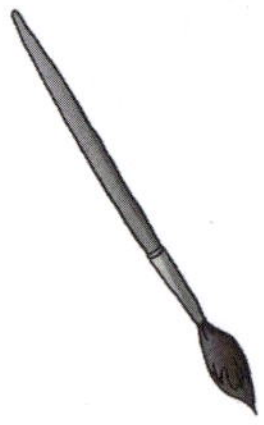

P   P

n   n

Papa   *Papa*

Papa

Opa   *Opa*

Opa

Pinsel   *Pinsel*

Pinsel

Ampel   *Ampel*

Ampel

Umut

um

muss

Umut

um

muss

A   A

Am   Am

Ampel   *Ampel*

Ampel

L   L

La   La

Lampe   *Lampe*

Lampe

S   S

So   So

Sonne   *Sonne*

Sonne

Timo mit Mia

Opa im Sessel

Milan malt Enten.

Umut malt Tomaten.

Elena malt Papa.

Lisa malt Ananas.

Momo malt Opa.

Lina malt mit.

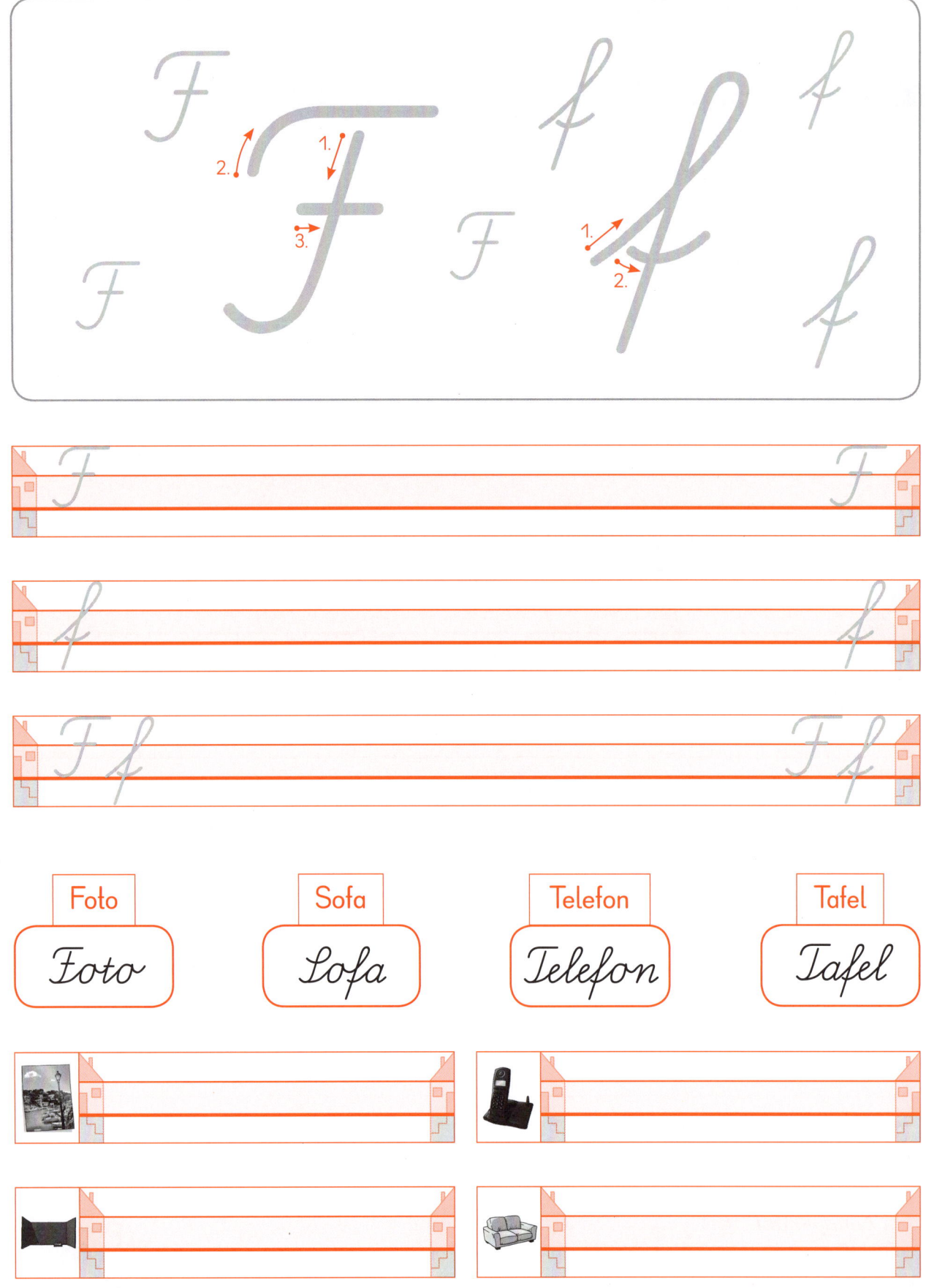

Foto

Sofa

Telefon

Tafel

Foto

Sofa

Telefon

Tafel

➲ Seite 55

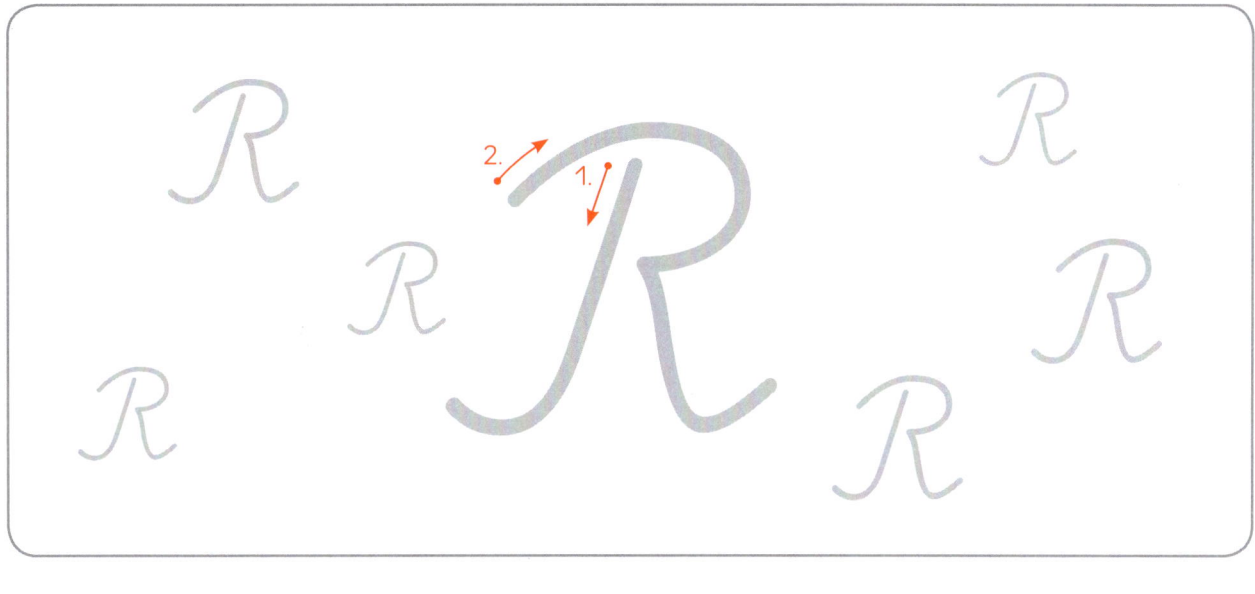

R

R

Rose *Rose*

Rose

Rosen *Rosen*

Rosen

Roller *Roller*

Roller

Ritter *Ritter*

Ritter

r   r

r

rot

rufen

turnen

lernen

Messer   *Messer*   Fenster   *Fenster*

➲ Seite 55

Ei ei Ei ei

ein

ein

Eis

Eis

Eimer

Eimer

Seil

Seil

H H

H

H H H H

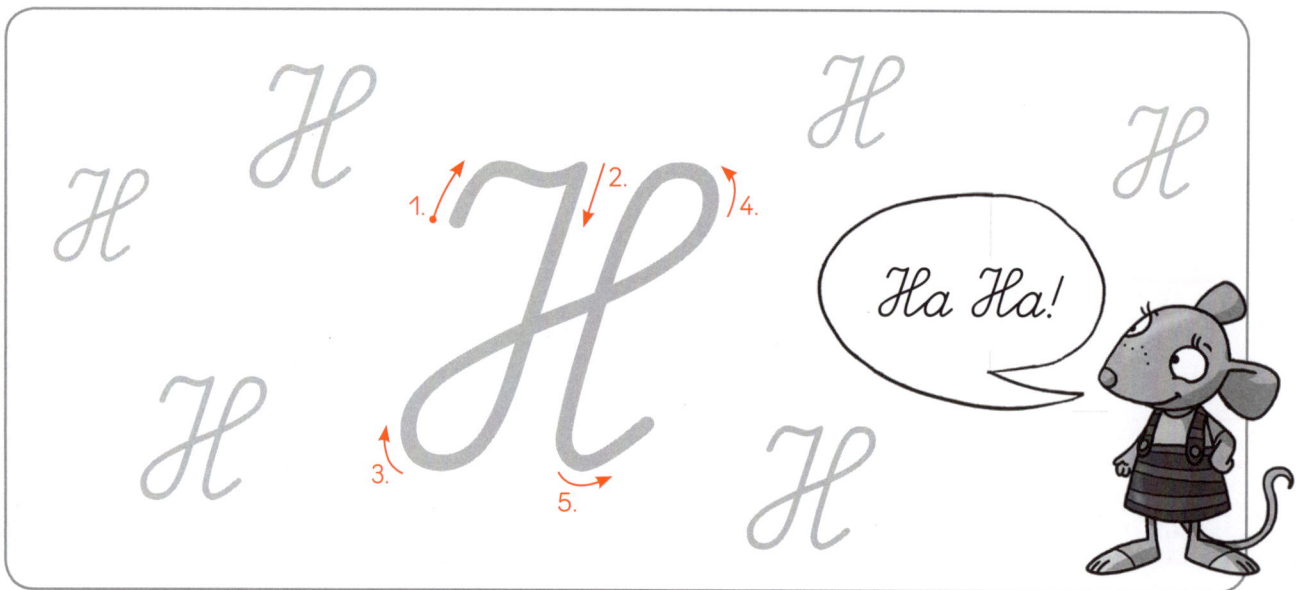

Ha Ha!

Hose

Hose

Hose

Heft

Heft

Heft

Hals

Hals

Hals

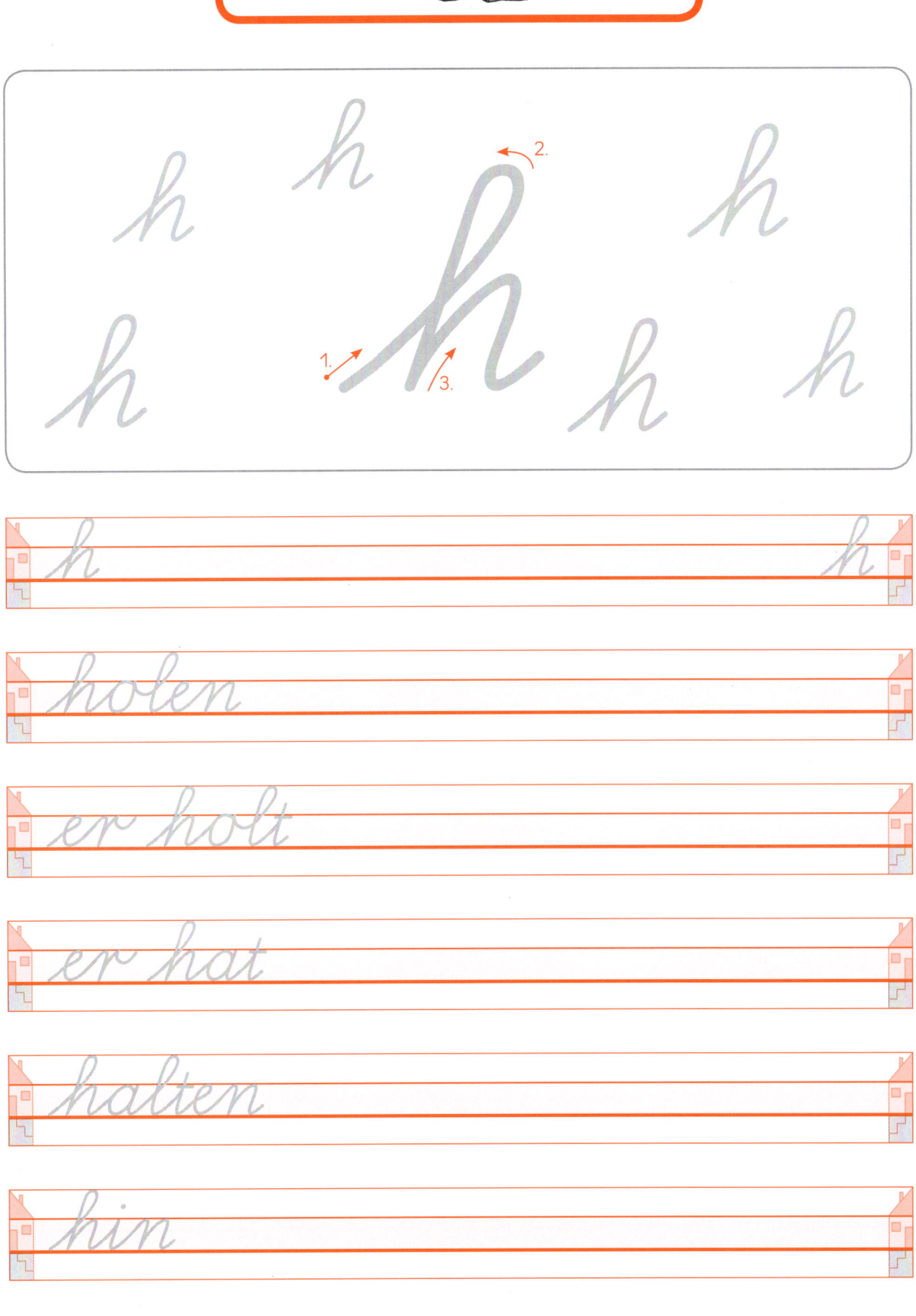

h   h

holen

er holt

er hat

halten

hin

hinter

Dino

Dino

Dino

Dose

Dose

Dose

der

das

⊃ Seite 55

Au au 🚗 Au au

Auto   *Auto*

Auto

auf   *auf*

auf

Maus   *Maus*

Maus

Haus   *Haus*

Haus

ie  **ie**

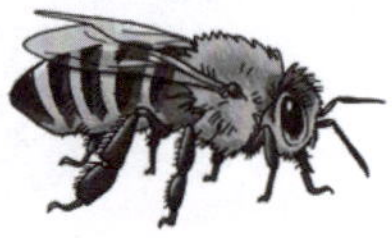

ie ie ie ie ie ie

ie   ie

die

sie

niesen

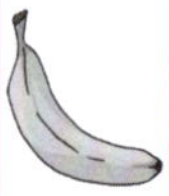

die   *die*

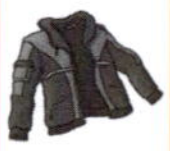

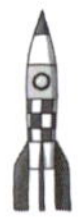

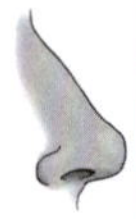

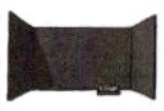

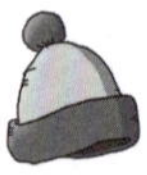

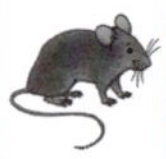

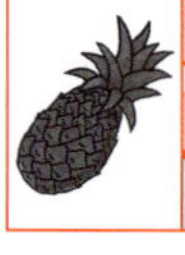

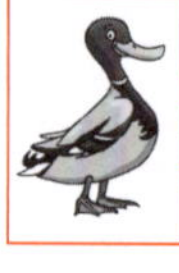

Sch sch · Sch sch

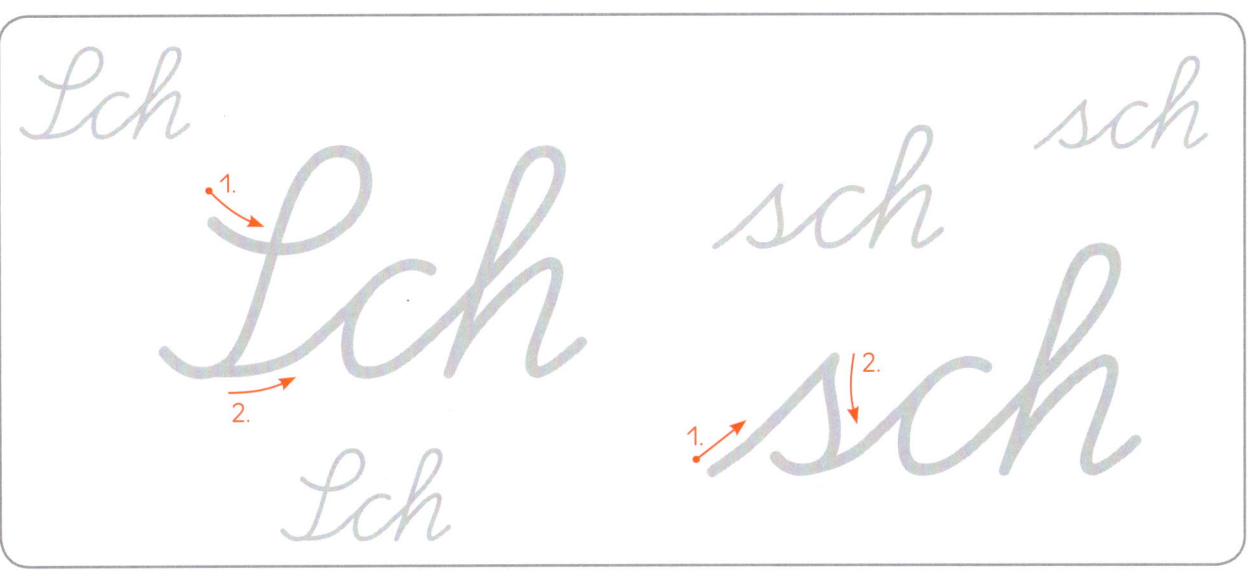

Sch

sch

Schule   *Schule*

Schule

Fisch   *Fisch*

Fisch

schlafen   *schlafen*

schlafen

schneiden   *schneiden*

schneiden

➲ Seite 55

Ha   *Ha*

Hase   *Hase*

Hase

Au   *Au*

Auto   *Auto*

Auto

Do   *Do*

Dose   *Dose*

Dose

ein   oder   *eine*   ?

ein

32

Das ist Umut.

Umut hat eine Tasche.

Das ist Emira.

Emira hat eine Schere.

Die Schere ist scharf.

Das sind Leo und Lina.

Leo und Lina schlafen.

Sie schlafen so tief.

K k K k

Koffer

Koffer

Koffer

Kette

Kette

Kette

Paket

Paket

Paket

kaufen

kaufen

kaufen

B b   B b

B   2. 1. B   b   b   b

B   B   1.   B   b

B   B

b   b

Bus   Bus 
Bus

Bett   Bett
Bett

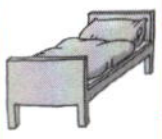

Ball   Ball 
Ball

blau   blau
blau

➲ Seite 55

Ch ch   Ch ch

Ch

1. ch

Ch ch

1. ch ch

Ch ch ch

Ch Ch

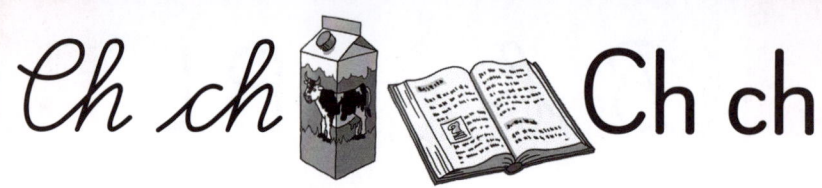

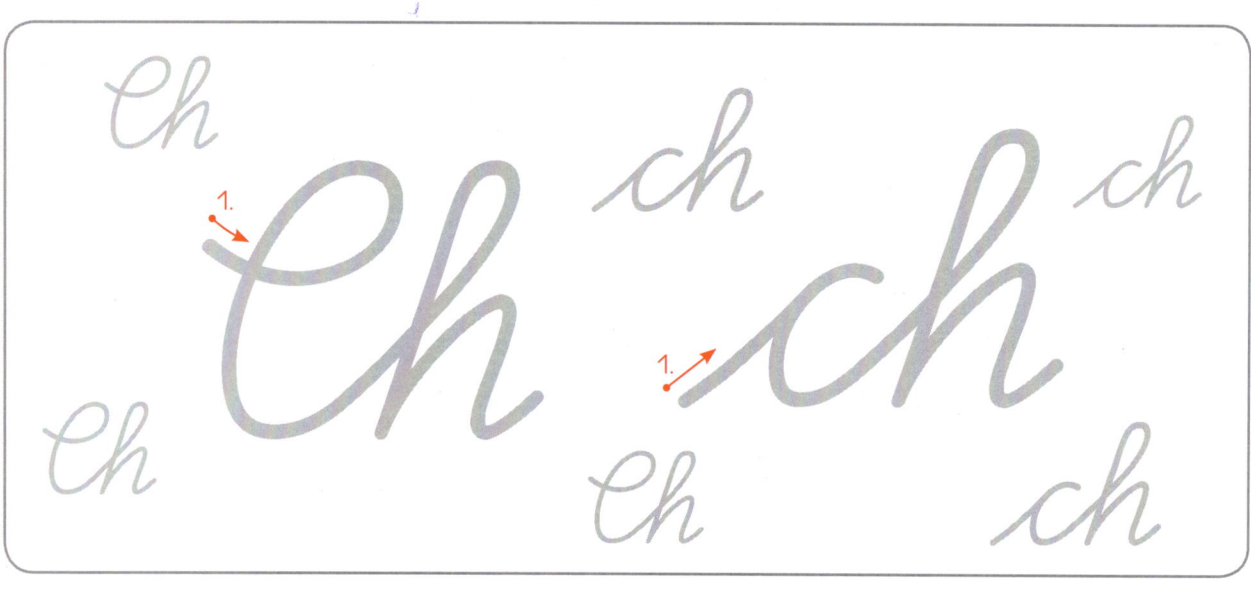

ch ch

Buch Buch

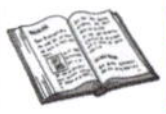 Buch

Milch Milch

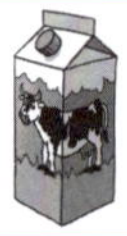 Milch

ich ich

ich

lachen lachen

lachen

$\mathcal{G}$ / G

$\mathcal{G}$ $\mathcal{G}$ $\mathcal{G}$ $\mathcal{G}$

$\mathcal{G}$ $\mathcal{G}$ $\mathcal{G}$ $\mathcal{G}$

1.

$\mathcal{G}$ $\mathcal{G}$

$\mathcal{G}$ $\mathcal{G}$

$\mathcal{G}eld$

$\mathcal{G}ras$

$\mathcal{G}abel$

Gabel	*Gabel*	Gras	*Gras*	Geld	*Geld*

g

gehen

gelb

gern

Kugel

Kugel

Bagger

Bagger

➲ Seite 55

W w W w

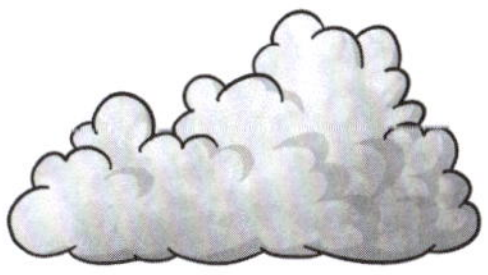

w   w

w   w

wir

wo

Wald	Wal	Wolke	Wasser
Wald	Wal	Wolke	Wasser

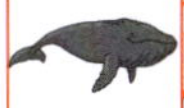

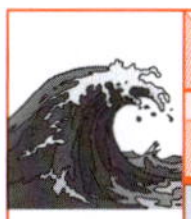

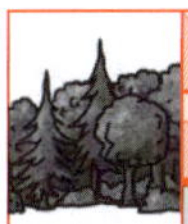

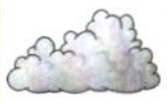

Z z   Z z

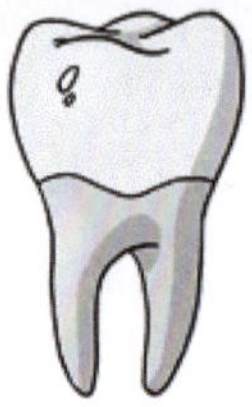

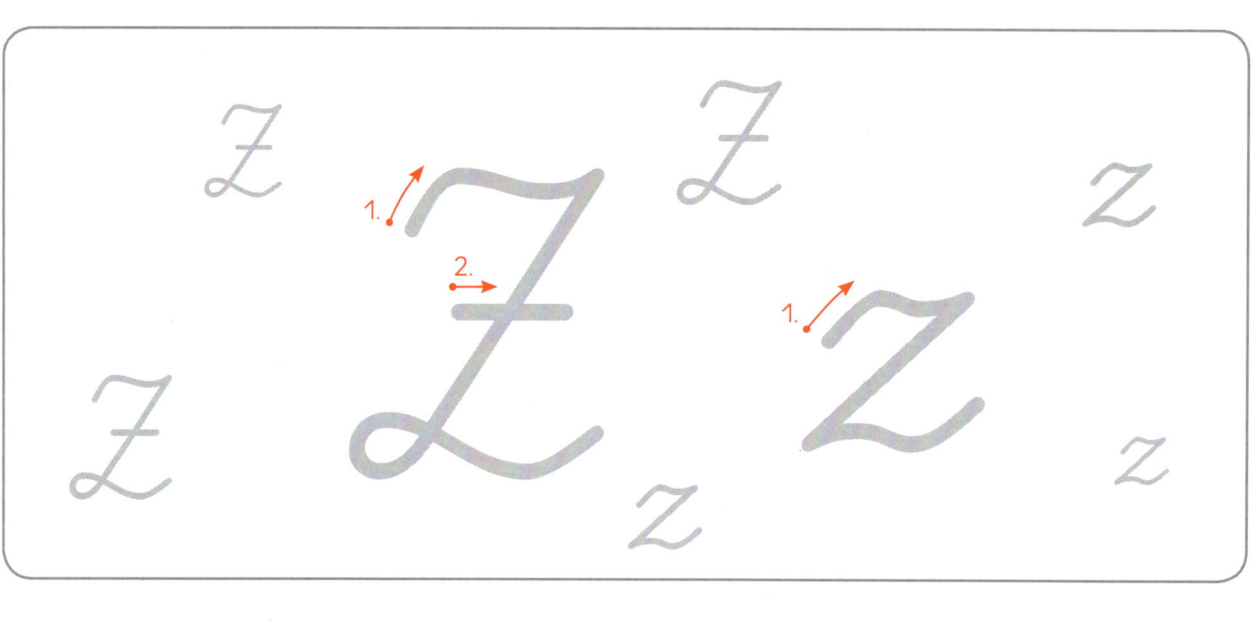

Z

z

Zitrone

Zitrone

Zitrone

Zwiebel

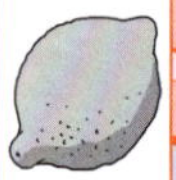

Zwiebel

Zwiebel

Pilz

Pilz

Pilz

zwei

zwei

zwei

K

Ka

Kamel *Kamel*

Kamel

B

Be

Besen *Besen*

Besen

G

Gi

Gitarre *Gitarre*

Gitarre

Mia macht Krach.

Momo rechnet gut.

Timo lacht gern.

Leo ist auf dem Baum.

Was ist mit Lina los?

Wo kann Lina sein?

Lina ist nun oben

auf dem Paket.

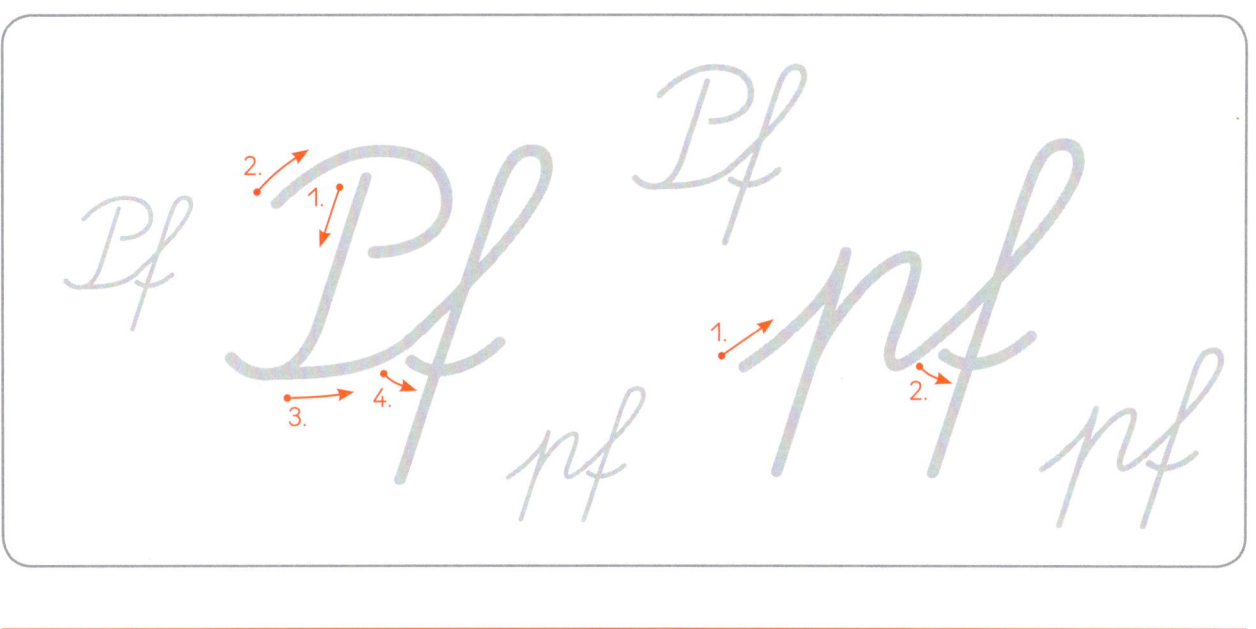

Pf pf **Pf pf**

Pf   Pf

pf   pf

Pferd

Pfote

Apfel

Kopf

Topf

pfeifen

➲ Seite 56

Eu eu Eu eu

Eu — Eu

eu — eu

Euro

Europa

Feuer

neu

treu

teuer

Qu qu Qu qu

Mein Freund isst Quark.

Timo quatscht gern.

Lisa mag keine Quallen.

| Quark | Quark | Qualm | Qualm | Qualle | Qualle |

J j J j

Jacke

Jo-Jo

Jahr

jammern

jagen

jeder

⭢ Seite 56

𝒱𝓋   V v

Vogel

Vampir

Kurve

4 vier

Klavier

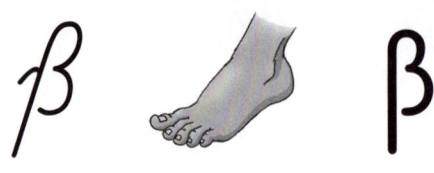

ß

Fuß

groß

draußen

heißen   schießen   gießen   heißt   schießt   gießt

heißen   er

er

er

➲ Seite 56

Ää Öö Üü

Äpfel

Ärger

lächeln

Öl

schön

hören

Überholverbot

grün

Sp

sp

Spinat

spielen

spülen   sparen   springen   spült   spart   springt

spülen   *sie*

sie

sie

⮩ Seite 56

St st ⭐ St st

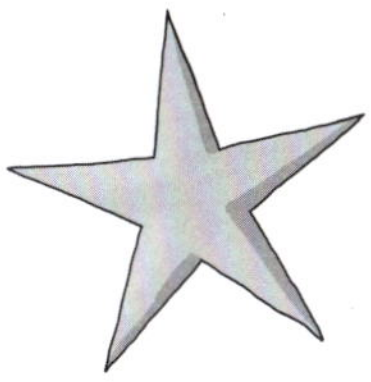

St

st

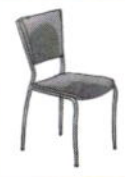

🪑 Stuhl

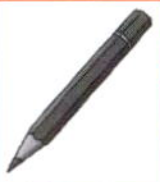

✏️ Stift

stehen | steigen | streichen   steht | steigt | streicht

er

⮕ Seite 56

$\mathcal{X}$ x X x

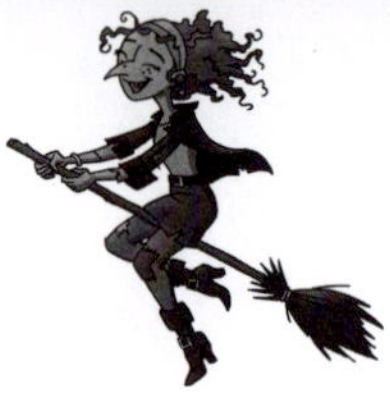

$\mathcal{X}$ $\mathcal{X}$

x x

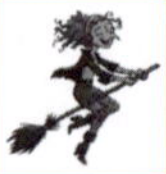

Hexe

hexen

Die Hexe Xenia will hexen.

Sie holt das Hexenbuch.

Die Hexe Xenia hext fix ein Taxi herbei.

Yoga

Baby

Milan hat ein Handy.

Emira möchte ein Pony.

Lisa spielt gern mit ihrem Teddy und auf dem Xylofon.

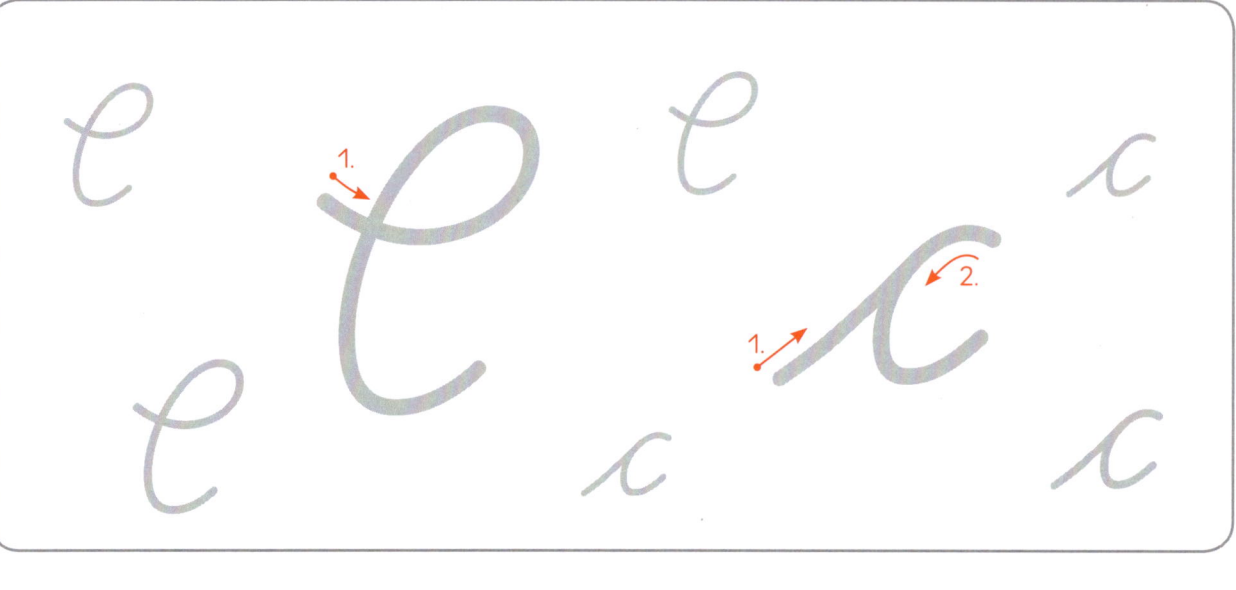

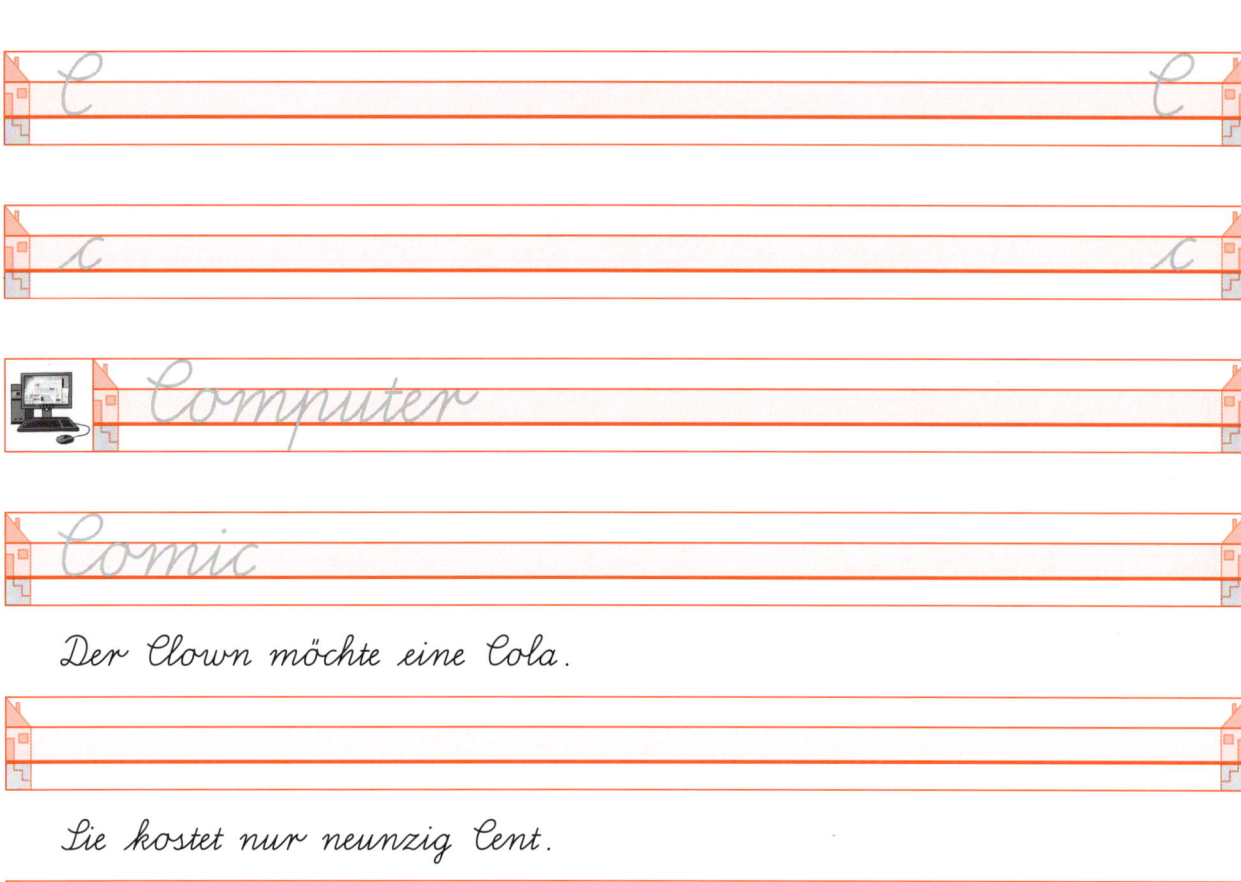

Computer

Comic

Der Clown möchte eine Cola.

Sie kostet nur neunzig Cent.

Das findet der Clown cool und kauft noch Comics.

ABSCHREIBEN

Zu Seite 11

Mama mit Oma
Timo mit Mama
Mia mit Omi
Momo mit Timo

Zu Seite 16

Mia malt Timo am See.
Timo malt mit.
Timo malt alles lila.
Leo malt Esel am See.

Zu Seite 22

Umut muss ans Telefon.
Ist Papa am Telefon?
Es ist Tante Fatima.
Tante Fatima ist nett.

Zu Seite 24

Elena ruft Natalia.
Natalia soll turnen.
Timo ist im Tor.
Er ruft Milan.

Zu Seite 28

Umut ist Indianer.
Er hat eine tolle Feder
in der Hand.
Da ist Milan!
Hallo, Milan!

Zu Seite 31

Alles Unsinn:
In der Schule
soll man fest schlafen.
Im Auto
ist eine tolle Dusche.

Zu Seite 35

Mia bekommt
ein kleines Paket.
Darin ist eine Kette.
Milan bekommt
einen bunten Ball.
Mama bekommt
ein tolles blaues Kleid.

Zu Seite 37/38

Alle sind gern im Garten.
Sie liegen im Gras.
Es ist so warm.
Doch nun wird
der Himmel grau.
Es gibt Regen!
Alle gehen schnell ins Haus.

ABSCHREIBEN

Leo malt Esel

Zu Seite 43

Matteo kann gut reiten.
Er hat ein eigenes Pferd.
Dilara kann gut
Eier in der Pfanne braten.
Umut kann gut pfeifen.
Er pfeift oft
auf zwei Fingern.

Zu Seite 44

Das Feuer leuchtet hell.
Die Eule ist auf dem Baum.
Mein Freund ist nett.
Er hilft mir immer.
In der neuen Schule
habe ich schon
einige neue Freunde gefunden.

Zu Seite 46

Jeder mag Jogurt.
Jule mag am liebsten
Jogurt mit Erdbeeren.
Mia isst lieber
Jogurt mit Kirschen.
Jonas mag Jogurt
mit Ananas sehr gern.

Zu Seite 48

Die Jungen sind draußen.
Sie schießen den Ball
auf der Wiese hin und her.
Da kommt ein großer Junge.
Er schießt den Ball
in einen Teich.
Nun sind alle sauer.

Zu Seite 50

Schreibe in Schreibschrift!
Die Mädchen sind im Garten.
Sie springen Seil.
Die Jungen spielen Fußball.
Nun sollen die Mädchen
alle mitmachen.
Dilara ist toll!
Sie spielt fast wie ein Profi.
Das macht Spaß.

Zu Seite 51

Schreibe in Schreibschrift!
Milans Vater streicht.
Er streicht den alten Zaun.
Der Farbtopf steht
auf der Leiter.
Steht er dort sicher? Nein.
Milans Vater stellt den Topf
lieber auf den Boden.
Dann wirft Milan den Topf um.